BEI GRIN MACHT SICH IH WISSEN BEZAHLT

- Wir veröffentlichen Ihre Hausarbeit, Bachelor- und Masterarbeit

- Ihr eigenes eBook und Buch - weltweit in allen wichtigen Shops

- Verdienen Sie an jedem Verkauf

Jetzt bei www.GRIN.com hochladen und kostenlos publizieren

Bibliografische Information der Deutschen Nationalbibliothek:

Die Deutsche Bibliothek verzeichnet diese Publikation in der Deutschen National-
bibliografie; detaillierte bibliografische Daten sind im Internet über http://dnb.d-
nb.de/ abrufbar.

Impressum:

Copyright © 2006 GRIN Verlag, Open Publishing GmbH
Druck und Bindung: Books on Demand GmbH, Norderstedt Germany
ISBN: 9783640615568

Dieses Buch bei GRIN:

http://www.grin.com/de/e-book/147631/seminararbeit-customer-relationship-
management-crm-systeme

Manuel Fernandez

Seminararbeit - Customer Relationship Management (CRM) - Systeme

Integrationsmöglichkeiten, Anbieter, Trends

GRIN Verlag

Inhaltsverzeichnis

Abkürzungsverzeichnis

CRM	Customer Relationship Management
OLAP	On-Line Analytical Processing
BI	Business Intelligence
ERP	Enterprise Resource Planning
KMU	Kleine und Mittelständische Unternehmen
i.d.R.	in der Regel
u.a.	unter anderem
z.B.	zum Beispiel
EAI	Enterprise Application Integration
EUR	Euro
ggf.	gegebenenfalls
USA	United States of America
USD	US Dollar

Abbildungsverzeichnis

Tabellenverzeichnis

1 Einleitung

Der stetige Wandel ist in Unternehmen heutzutage an der Tagesordnung. Umstrukturierungen, Entlassungen, Einstellungen – dies alles sind Reaktionen der Unternehmen auf das Marktgeschehen und den Wettbewerb. Um die Marktposition zu sichern sind sie darauf angewiesen das Quäntchen Vorsprung zur Konkurrenz zu erhaschen und führen ständig neue Managementmodelle und Software ein, verändern ihre Prozesse und werfen neue Produkte auf den Markt um die Kaufentscheidung der Kunden auf sich zu lenken. Ein Managementmodell, welches sich gerade in den letzten 6 Jahren bei den Unternehmen, durch den Ruf Umsatz fördernd zu sein, beliebt gemacht hat ist das so genannte Customer Relationship Management.

1.1 Grundgedanke von CRM

Das Kundenbeziehungsmanagement (engl. Customer Relationship Management) zielt darauf ab, den Kundenwert zu erhöhen und somit eine dauerhafte und profitablere Kundebeziehung herzustellen, gemäß der Überlegung, dass es ein Vielfaches an Aufwand kostet einen Neukunden zu gewinnen als einen Bestandskunden zu erhalten. Ebenfalls müssen sich Unternehmen, da die steigende Standardisierung und Globalisierung den Kunden einen breiteren Zugang zu den Produkten verschafft, durch andere Faktoren, wie eine gute Kundenbeziehung, von der Konkurrenz differenzieren.

„The adoption of CRM as a strategy may be the key differentiator that will help drive business during the coming years"(GARTNER recommendation)[1]

---

[1] Gartner ist ein Anbieter für Forschung und Analyse in der weltweiten Technologie-Industrie.

1.2 Aufbau und Zielsetzung der Arbeit

In dieser Seminararbeit werde ich zunächst die Grundzüge des Customer Relationship Managements erläutern und anschließend verschiedene Integrationsmöglichkeiten von Unterstützungssoftware und die zugehörigen Hersteller vorstellen. Daraufhin zeige ich auf, in welche Richtung sich CRM Konzepte und –Strategien sowie CRM Software aktuell und künftig entwickeln werden und wie die Machtverhältnisse auf dem Markt derzeit aussehen.

Ziel der Arbeit ist es, dass Grundkonzept des Kundenbeziehungsmanagement darzulegen und dieses um aktuelle Daten und Trends in großen- und mittelständischen Unternehmen zu ergänzen und einen Ausblick auf die weiteren Entwicklungen zu geben.

2 Grundlagen

Das Kundenbeziehungsmanagement hat als grundsätzliches Ziel, den Kontakt zu den Kunden auf eine logische und effiziente Art zu steuern und managen. Dabei werden abteilungsübergreifende Prozesse berücksichtigt, welche von Kundenkontaktpunkten (engl. Customer Touch Point) wie beispielsweise Vertrieb oder Kundenservice über Kommunikationskanäle die das Marketing bereitstellt, bis zu strategischen Entscheidungsprozessen im Management reichen. Um den verschiedenen Ansprüchen an die Kunden- und Verkaufsdaten sowie deren Dichte innerhalb des Unternehmens gerecht zu werden, bedarf es einer sinnvollen Unterstützung durch die IT.

2.1 Gründe für CRM im Unternehmen

Als Hauptgründe für den Einsatz von CRM im heutigen Unternehmen spielen Faktoren wie die wachsende Globalisierung und die stetig steigende Standardisierung eine Rolle. Durch die Globalisierung und das Verschmelzen der internationalen Märkte, was durch das Internet verstärkt wird, sind potenzielle Kunden leicht in der Lage auf gleichwertige Produkte eines Wettbewerbers auszuweichen. Kunden sind ebenfalls bereit mindere Qualität bei signifikant günstigeren Preisen zu akzeptieren. Zusätzlich wirkt sich die andauernde Standardisierung aus, welche erst dazu führt, dass viele Produkte ähnlich oder gleichwertig sind. Somit ist es für die Unternehmen schwierig geworden eigene

Produkte vom Wettbewerb zu Differenzieren. Eine Möglichkeit bietet das Kundenbeziehungsmanagement, welches die Kunden durch individuell angepasste Betreuung und erhöhte Serviceleistungen langfristig an das Unternehmen binden soll.

2.2 CRM Typen

Das Gesamtkonzept von CRM lässt sich in vier Unterdisziplinen unterscheiden zu denen das operative, das kommunikative, das analytische und das kollaborative CRM zählen.

Auf der operativen Ebene befinden sich die direkten Kundenkontaktpunkte. Hier werden in Funktionen wie Vertrieb und Kundenservice Kundendaten erzeugt und gesammelt. Das Handeln auf dieser Ebene wird maßgeblich von Entscheidungen aus dem analytischem CRM geprägt.

Unter den Aufgabenbereich des kommunikativen CRM fällt das Bereitstellen von verschiedenen Kommunikationskanälen zum Kunden wie beispielsweise TV- und Radio, Email, Internet, Call Center oder Briefverkehr. Es wird somit ermöglicht beim Kunden ein Bewusstsein für das Unternehmen und seine Produkte zu schaffen und somit eine Bindung herzustellen oder zu erweitern. Das Einsetzten und Koordinieren dieser Medien wird klassischerweise vom Marketing übernommen.

Das analytische CRM befasst sich mit der Verdichtung der Daten aus operativem und kommunikativem CRM mittels verschiedener Werkzeuge der Business Intelligence wie beispielsweise Data Mining oder Online Analytical Processing (OLAP) zur Gewinnung von aussagekräftigen Informationen. Diese Informationen dienen anschließend zum Treffen von Entscheidungen und werden im Controlling und strategischem Management verwendet. Somit können Aussagen über die Top 10 Produkte bei den Top 10 Kunden getroffen, Markttendenzen identifiziert und Kunden segmentiert werden. Die Folge kann eine entsprechende Ausrichtung der Unternehmens-Strategie sein.

Das kollaborative CRM, welches in der Literatur oft synonym zum kommunikativen CRM genannt wird, behandelt die unternehmens-übergreifende Koordination und Synchronisation von Kundendaten, Aktivitäten und Strategien.

Dies umschließt auch die Einbeziehung von Lieferanten und externen Dienstleistungsunternehmen in das CRM Konzept.

2.3 CRM Aufgaben

Als definierte Ziele des Kundenbeziehungsmanagement gelten die Kundengewinnung, die Kundenbindung als auch die Kundenrückgewinnung. Dies äußert sich in der Aufgabe des eingesetzten CRM Systems im Marketing, Vertrieb und Kundenservice zu unterstützen.

Im Marketingbereich kommt das System beim Managen von Werbekampagnen, bei der Analyse des Kundenverhaltens sowie der Bereitstellung einer einheitlichen Datenbasis für sämtliche Marketingaktivitäten zur Anwendung.

Der Vertrieb des Unternehmens kann in unterschiedlicher Weise unterstützt werden wie beispielsweise bei der Angebotserstellung, der Bereitstellung von Online-Katalogen, der Koordination im Außendienst als auch zu Analysen über entgangene Aufträge.

Das CRM System kann weiterhin im Kundenservice eine tragende Rolle spielen wie z.B. durch Wissensdatenbanken im Help-Desk, Auftragsstatus bei der Auftragsverfolgung oder die Historie über sämtliche Kontakte mit dem Kunden.

2.4 Erfolgsfaktoren

Faktoren die über Erfolg oder Misserfolg einer CRM Einführung oder Nutzung entscheiden sind das Vorhandensein einer klaren CRM Strategie sowie die kontinuierliche Optimierung der vorhandenen Geschäftsprozesse.

Weiterhin spielt die Akzeptanz der Mitarbeiter eine entscheidende Rolle. Somit sollte das Unternehmen nicht nur auf die Software fokussieren sondern auch Mitarbeiter und Kunden in das Konzept einbeziehen.

Auf technischer Seite ist es entscheidend, dass die verwendeten Systeme angemessen skalierbar sind und den zuvor spezifizierten Anforderungen entsprechen.

2.5 Kritik

Da CRM von der Vielfalt an Daten die über die Kunden gesammelt werden lebt, wird es im Allgemeinen nicht als problemlos in Hinsicht auf Datenschutz betrachtet. Durch die unter Umständen sehr präzisen Kundendaten können auch manipulierende Verkaufstechniken in Unternehmen zum Einsatz kommen.

3 Software

Zur Unterstützung des Kundenbeziehungsmanagements kommt Software zum Einsatz. Diese Systeme sind i.d.R. Datenbankanwendungen, die die strukturierte und automatisierte Erfassung von Kundendaten ermöglichen. Sie unterstützten die verschiedenen Bereiche in Ihren Aufgaben. Die so entstandene Datenbasis wird unternehmensweit zur Verfügung gestellt und dient ebenfalls für analytische Auswertung und der Fällung von strategischen Entscheidungen.

3.1 Auswahlkriterien

CRM Systeme sind meist als Standardsoftware vorzufinden und in verschiedenen Preisklassen mit unterschiedlicher Komplexität erhältlich. Individual-Lösungen kommen u.a. aus Kostengründen und Wartbarkeit nicht so häufig zum Einsatz. Zur Wahl des richtigen Systems muss zunächst festgestellt werden wie hoch das zur Verfügung stehende Budget ist, wie die eigene Infrastruktur aussieht und welche Features und Funktionen benötigt oder nicht benötigt werden. Tendenziell ist aber davon auszugehen, dass Grossunternehmen sich für integrierte und Mittelständler, je nach dem wie sie aufgestellt sind, für integrierte oder On-Demand Lösungen entscheiden. Letztere kommen z.b. dann zum Einsatz, wenn das Unternehmen erste Gehversuche auf dem Gebiet macht und einen klaren Überblick über die Kosten haben möchte. Wenn CRM dann im Unternehmen etabliert ist werden On-Demand Lösungen häufig wieder durch integrierte Systeme abgelöst. Zusätzlich muss die Zukunftsträchtigkeit der verwendeten Softwarearchitektur berücksichtigt werden. So kann beispielsweise eine Software mit serviceorientierter Architektur (SOA)[2], durch ihre Modularität, sehr flexibel auf veränderte Bedingungen prozessmäßiger-, organisatorischer oder markttechnischer Natur reagieren und leichter in bestehende SOA-Architekturen integriert werden.

---

[2] Systemarchitekturkonzept; sieht die Bereitstellung von Dienste in Form von Services vor.

3.2 Funktionsumfang

Zu den typischen Anforderungen an eine CRM Software zählen u.a. Zeitmanagement, Dokumentenmanagement, Historisierung sowie Integration des mobilen Vertriebs- und technischen Außendienstes für die operative Ebene. Multichannel-Management, Kampagnenmanagement und Profil-Management werden von der kommunikativen Ebene gefordert und Reporting und Analyse Funktionen von der analytischen Ebene. In der folgenden Aufstellung wird anhand des On-Demand CRM Tools Salesforce ersichtlich, welche Detailfunktionen für die jeweiligen Ebenen implementiert sein können.

Sales Force Basic	SalesForce Service & Support	Salesforce Analytics
Vertriebsautomatisierung	**Kundendienst und Kundensupport**	
Erweiterte Callscripterstellung	Serviceleistungen	
Account-, Kontakt-, Opportunity- und Aktivitätenmanagement	Kundenvorgangsverwaltung	
Wiederkehrende Ereignisse	Portal für häufig gestellte Fragen	
Benutzerdefinierte Prognosen	Berichte über die Leistung bei Kundenvorgängen	
Produktkatalog	Pflege der Historie	
Management der Umsatzplanung	Intelligente Lösungen	
Geschäftsprozessgesteuerte Warnungen	Internet-Kundenvorgangserfassung (Web-to-Case)	
Integration von Verkaufsmethoden Dritter	Wissensmanagement	
Regionsmanagement	Vorgangswarteschlangen und autom. Zuordnung	
Account- & Opportunity-Teamarbeit im Vertrieb	Erweiterte Vorgangseskalation + benachrichtigung	
Partner Relationship Management	E-Mail-Management (E-Mail zu Kundenvorgang)	
Salesforce PRM	Autom. Beantworten per E-Mail	
Marketingautomatisierung	Webportal	
HTML-E-Mail-Vorlagen und -Verfolgung	Mitarbeiterkonsole	
Massen-E-Mails	Ressourcenmanagement	
Lead-Management	AppExchange-Telephony API (ATAPI)-Toolkit für CTI	
Online-Lead-Erfassung	Web-Self-Service	
Automatische Antwort-E-Mails	Qualitätsmanagement	
Integrierte Kampagnenerstellungsfunktion	Protokoll	
Kampagnenmanagement		**Echtzeitanalysen sowie rückblickende Analysen**
Dokumentenverwaltung		Account- und Kontaktberichte
Dokumentenbibliothek		Opportunity- und Prognoseberichte
Notizen und Anhänge		Support-Berichte
Vertragsverwaltung		Benutzerdefinierte Berichte
Vertragsverzeichnis		Benutzerdefinierte Berichtsformeln
Genehmigungsmanagement		Benutzerdefinierte Hervorhebung
Vertragsverlängerungsmanagement		Dashboards

Abbildung 1 –Funktionen eines CRM Systems (Quelle: Salesforce)

3.3 Aufbau

Der logische Aufbau eines CRM Systems ist im Idealfall so, dass es aus dem Front Office und dem Back Office besteht. Das Mobile Office ist nicht bei jedem System vorhanden, soll aber der Vollständigkeit halber erwähnt werden. Bei umfangreichen Systemen ist die vertikale Integration für gewöhnlich hoch und dies ermöglicht es dem Unternehmen eine breite, ge-meinsame Datenbasis zu nutzen und dem Mitarbeiter am Kundenkontakt-punkt z.B. Informationen über vorhandene oder lieferbare Produkte und Dienstleistungen zur Verfügung zu stellen. Durch die horizontale Integration des operationalen Bereiches kann der Mitarbeiter z.B. jederzeit jegliche Kontakte mit dem Kunden aufrufen und nachvollziehen. Durch die Über-tragung dieser Daten in regelmäßigen oder unregelmäßigen Abständen in Datenbanken entsteht ein so genanntes Data Warehouse, welches die Basis des Analytischen CRM darstellt. Durch themenbezogene Verdichtung dieser Daten in Data Marts, können Auswertungen durchgeführt werden, beispiels-weise die Erstellung eines Zielgruppenprofils für eine Werbekampagne.

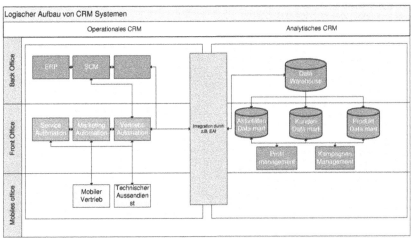

Abbildung 2 – Logischer Aufbau von CRM Systemen

Eine Beispielkonfiguration könnte ein SAP R/3 System mit angebundenem mySAP CRM sein, welche zur Datenhaltung Oracle 10g Datenbanken nutzt. Über die SAP Exchange Infrastructure Middleware findet die Integration des Lieferanten ERP Systems statt. Für das Online Analytical Processing zur Auswertung der Kundendaten wird das Tool Cognos Customer Analytics verwendet.

3.4 Einführung im Unternehmen

Um eine solche Software im Unternehmen einzuführen Bedarf es meist eines professionell gemanagten Projekts, um die Umstellungen im Unternehmen zu bewerkstelligen. Der Erfolg eines CRM Konzeptes hängt maßgeblich mit der erfolgreichen Umsetzung zusammen. Die nachfolgende Abbildung gibt beispielhaft und vereinfacht, anhand eines Vorschlages der Adito Software GmbH[3], wieder, wie ein typisches Einführungsprojekt für eine CRM Software aufgebaut sein kann.

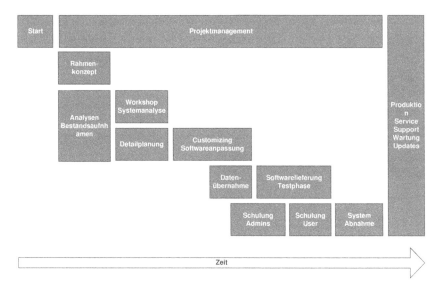

Abbildung 3 – CRM Systemeinführungsprojekt (Quelle: Adito GmbH)

Die Projektdauer wird bei ADITO CRM mit drei bis fünf Monaten angegeben, bei Salesforce.com wird ebenfalls eine Dauer von drei Monaten als Referenzwert genannt. Natürlich spielen hier auch die unter 2.4 genannten Erfolgsfaktoren eine entscheidende Rolle: Optimierung der Prozesse, Mitarbeiterakzeptanz, Einbeziehung von Mitarbeitern und Kunden sowie die spätere Skalierbarkeit des Systems.

3.5   Anbieter und Software

Nachfolgend ist eine Auflistung aktueller Anbieter mit Ihren CRM Lösungen zu sehen. Die Auflistung ist nach Hauptzielgruppe der Lösungen aufgeteilt. Es ist zu erkennen, dass bei den Großen der Branche eine Konsolidierung stattgefunden hat. Dazu zählen z.B. die Übernahmen von PeopleSoft und Siebel durch Oracle. Aber

---

[3] Vertrieb und Entwicklung von CRM Software

auch im Mittelstand finden Übernahmen statt wie bei Regware durch die Update Software AG geschehen.

Tabelle 1 – Übersicht aktueller Anbieter und Lösungen (Quelle: Herstellerwebseiten)

	Anbieter	Software	Umfang	Typ
Für Grossunternehmen	Baan Deutschland GmbH	instantOLAP	analytisch	On Premise/ Integriert
	Brain Force FS AG	Brain Force CRM	Komplettlösung	On Premise/ Integriert
	Chordiant Software GmbH	Enterprise Platform	Komplettlösung	On Premise/ Integriert
	Epicor / eSolution GmbH	Epicor Enterprise	Komplettlösung	On Premise/ Integriert
	Glaux Soft AG	Evidence XP	Modulsystem	On Premise/ Integriert
	Infor business solutions AG	CRM	eher operativ	On Premise/ Integriert
	IntraWare AG	SubscribeNet	Modulsystem	On Premise/ Integriert
	merkarion GmbH (ehem. SMF)	ProfitSystem	operativ	On Premise/ Integriert
	Onyx Software GmbH	versch. Lösungen	Modulsystem	On Premise/ Integriert
	ORACLE Deutschland GmbH	Siebel CRM	Komplettlösung	On Demand/ Hosted
	ORACLE Deutschland GmbH	PeopleSoft CRM	Komplettlösung	On Premise/ Integriert
	ORACLE Deutschland GmbH	E-Business Suite	eher operativ	On Premise/ Integriert
	ORACLE Deutschland GmbH	JD Edwards Enterprise One	eher operativ	On Premise/ Integriert
	Pivotal GmbH	Pivotal CRM Suite	Komplettlösung	On Premise/ Integriert
	Salesforce.com EMEA Ltd.	Salesforce	Modulsystem	On Demand/ Hosted
	SAP AG	mySAP CRM	Komplettlösung	On Premise/ Integriert
	SAP AG	SAP-CRM-On-Demand	eher operativ	On Demand/ Hosted
	Saratoga Systems GmbH	Saratoga CRM	Komplettlösung	On Premise/ Integriert
	Selligent GmbH	Selligent	Modulsystem	On Premise/ Integriert
	SoftM Communications GmbH	IntraWare CRMSuites	Modulsystem	On Premise/ Integriert
	TJ Group GmbH	CRM Suite	operativ	On Premise/ Integriert
	update software AG	update.seven	Modulsystem	On Premise/ Integriert
	Vision Consulting AG	Vision Enterprise	eher operativ	On Premise/ Integriert
Für KMU	Adito Software GmbH	ADITO	eher operativ	On Premise/ Integriert
	AMTANGEE AG	AMTANGEE V3.1	eher operativ	On Premise/ Integriert
	Bauknecht Softfolio.crm GmbH	Softfolio CRM	Komplettlösung	On Premise/ Integriert
	CAS Software AG	genesisWorld	eher operativ	On Premise/ Integriert
	cobra GmbH	cobra Adress PLUS 11	eher operativ	On Premise/ Integriert
	combit GmbH	cRM 2006	Komplettlösung	On Premise/ Integriert
	Consolidate Software GmbH	C4	Komplettlösung	On Premise/ Integriert
	Epicor / eSolution GmbH	Clientele CRM	eher operativ	On Premise/ Integriert
	FlowFact AG	FlowFact CRM	Komplettlösung	On Premise/ Integriert
	Microsoft Business Solutions	Dynamics CRM 3.0	Modulsystem	On Premise/ Integriert
	Prof4Net GmbH	webCRM.4Net	eher operativ	On Premise + Demand
	ProTeam GmbH	OrgaSales	eher operativ	On Premise/ Integriert
	Rightnow Technologies	RightNow	Modulsystem	On Demand/ Hosted
	Siemens Business Services	readyCRm	eher operativ	On Demand/ Hosted
	Sage Software GmbH	Sage CRM	Komplettlösung	On Premise/ Integriert
	SugarCRM Inc.	SugarCRM	Modulsystem	On Demand-Open Source

4 Aktuelle Trends

Nachdem viele Unternehmen in den letzten Jahren in die Erweiterung oder Neueinführung von CRM investiert haben, geht der Trend, laut einer Studie des Beratungsunternehmens Pierre Audoin Consultants[4], derzeit dahin über, diese auch auszuwerten und für einen erhöhten Unternehmens- und Kundenwert zu nutzen. Daher wächst auch die Nachfrage nach analytischer CRM Software, bei Grossunternehmen als auch bei Mittelständlern.

Diese Entwicklung haben auch die Hersteller verfolgt und reagieren mit zusätzlichen Funktionalitäten zur Auswertung der Kunden- und Marktzahlen in Ihren Produkten. Die SAP AG hat beispielsweise in mySAP CRM 2005 weitere analytische Funktionen eingebaut, um systemübergreifende Sichten auf die Kundendaten zu erhalten. Somit ist die bereichsübergreifende Zusammenführung der Kundendaten ebenfalls ein aktuell wichtiger Trend.

„On-Demand" ist ebenfalls ein Hauptthema, welchem sich auch die großen Anbieter der Branche anschließen.

4.1 Strategisch

Aus der strategischen Sichtweise heraus stehen verschiedene Entwicklungen und Schwerpunkte im Fokus. Zunächst sehen viele Unternehmen Bedarf, die über die letzten Jahre eingeführten CRM Systeme, nun auf ihre Effektivität und ihre Effizienz hin zu prüfen und diese ggf. zu erhöhen. So gibt es einen Ansatz der Siemens Business Services GmbH & Co KG zu diesem Thema unter dem Namen „CRM Performance Management", welcher eine Kombination aus bereits bestehenden Managementmethoden darstellt. Dieser sieht zunächst die Bewertung der Qualität beteiligter Prozesse anhand des Reifegradmodells CMMI[5] vor. Daraufhin werden die Prozesse optimiert und auf eine höhere Stufe innerhalb des fünfstufigen CMMI Modells gebracht. Im Anschluss soll

---

[4] Studie „CRM 2006", www.pac-online.de

[5] Capability Maturity Model Integration, Rahmenwerk vom Software Engineering Institut (SEI) zur Bewertung von Prozessen in der Softwareentwicklung

eine geeignete, vierdimensionale Balanced Scorecard in der Prozesse, Kunden, Mitarbeiter und Finanzen berücksichtigt werden, für die nötige Kontrolle und Steuerung der Prozesse sorgen.

Somit ist eine weitere, weiterhin wichtige Tendenz im CRM die prozessorientierte und zwangsläufig auch kundenorientierte Betrachtung, da verschiedene Unternehmensbereiche verschmelzen und die Einbeziehung des Kundenlebenszyklus in die Strategie sinnvoll erscheint. Mögliche Prozesse könnten die Kundenauswahl, Kundengewinnung, Kundenbindung und Kundenrückgewinnung sein auf die das Unternehmen das CRM ausrichtet.

Einen weiteren Trend kann beim Thema Kundenservice und Support ausgemacht werden. Hier haben viele Unternehmen gelernt, dass dieser Bereich nur schwer in Zahlen zu fassen ist und gehen weg von quantitativen hinzu qualitativen Zielsetzungen beim Thema Customer Care. Laut einer Umfrage des IT Dienstleisters Materna GmbH bewerten bereits jetzt 49% der Unternehmen den Erfolg des Customer Service Centers qualitativ (Kundenzufriedenheit gesteigert). Weniger greifen die Unternehmen jetzt auf Umsatzsteigerung (29,8%) und Kostenersparnisse (18,5) als Bemessungs-grundlage zurück.

Retro-Trend ist ein weiteres Stichwort, welches in den Unternehmen aktuell ist. Durch das hohe Informationsaufkommen heutzutage fällt es schwer beim Kunden durch eine Email zu punkten. So können sich die Einzelnen Unternehmen nicht von der Masse abheben und den Kunden nicht wirklich über Medien wie TV, Email oder Internet erreichen. Daher gehen sie beispielsweise wieder dazu über den persönlichen Dialog zu suchen und verstärkt Call Center zur Kommunikation mit dem Kunden per Telefon oder später per Bildtelefon einzusetzen.

Auch als Trend kann man die Nachfrage der Unternehmen nach Best Practices sehen. Da viele bereits die Systeme und Infrastruktur bereitstellen stellt sich die Frage wie es die anderen machen und welche die Effektiven und Effizienten Strategien und Systeme sind. In diesem Zusammenhang ist auch Benchmarking ein Thema von wachsendem Interesse.

Outsourcing erfreut sich ebenfalls weiterhin über hohe Beliebtheit. So geben die Unternehmen Funktionen wie beispielsweise Call Center oder Marketing außer Haus aber auch ganze Prozesse wie den kompletten Kundenservice.

Für Unternehmen ohne oder mit nur unzureichendem Kundenbeziehungs-management empfiehlt sich die Einrichtung von Testbudgets für CRM Systemen nach dem Motto „test, try and buy". Als Einstieg bieten sich meist On-Demand Lösungen aufgrund kalkulierbarer Kosten oder teilweise kostenlose Open Source Lösungen an. Somit können die Unternehmen CRM für sich austesten und entscheiden ob sie auf eine umfangreichere Lösung umsteigen oder es verwerfen wollen.

4.2 Software

4.2.1 On-Demand

Während das On-Demand Konzept (oder SaaS, Software as a Service) nicht ganz neu ist und in den USA schon länger erfolgreich ist und akzeptiert wird, besonders im Mittelstandsbereich, ist es in Europa immer mit Vorsicht genossen worden. Unternehmen wie Salesforce.com oder Rightnow Technologies sind zwar auch hierzulande schon länger bekannt aber seit dem die SAP AG ihre Lösung SAP CRM ON-DEMAND Anfang 2006 vorgestellt hat erfreut sich das Konzept auch in Europa wachsender Beliebtheit.

Die großen Chancen mit On-Demand Lösungen eröffnen sich gerade für mittelständische Nutzer, da auf diesem Wege keine teure Infrastruktur zur Verfügung gestellt werden muss und die Einführung sowie Betreuung relativ einfach sein soll. Die Systeme, die wie bei Marktführer Salesforce.com oder Rightnow Technologies Web-basiert sind, können über jeden Browser erreicht werden. Für die eher horizontale als vertikale Ausrichtung des CRM reicht die begrenzte Flexibilität und individuelle Anpassbarkeit der On-Demand Systeme allemal aus. Somit entfallen teure Investitionen in Hardware, Software oder Wartung und die anfallenden Kosten sind besser planbar. Auch für Großkonzerne kann das On-Demand CRM interessant sein, wenn beispielsweise ein Tochterunternehmen oder eine bestimmte Geschäftseinheit, für eventuell auch nur eine bestimmte Zeit, mit einem solchem System ausgestattet werden soll. IT-Kosten werden so transparenter.

Auch andere Anbieter haben diesen Trend im Mittelstand ausgemacht und treten gezielt an diese heran, um ihre Produkte zu verkaufen. Heutzutage mit einer wesentlich pragmatischeren Herangehensweise.

Ebenfalls gefördert wird die On-Demand Nachfrage durch neue Technologien wie UMTS, wodurch Außendienste leicht auf die Kunden- und Unternehmensdaten zugreifen können.

Eine der Haupthürden für On-Demand Lösungen ist die Heraus- und Weitergabe von Geschäftsdaten außer Haus, denn an diesem Thema stoßen sich viele Unternehmen, gerade wenn es um erfolgskritische Daten wie eben den Kundendaten geht.

Und obwohl in den USA bereits hohe Umsätze mit On Demand Lösungen erzielt werden ist der Umsatz in Deutschland, laut einer PAC (Pierre Audoin Consultants) Studie, noch relativ begrenzt. Auch SAP ist sich darüber im Klaren, dass die gehosteten On-Demand nicht die On-Premise Lösungen ablösen werden, da die Unternehmen langfristig gesehen ausgereifte und integrierte Lösungen besitzen wollen. Das Hauptaugenmerk von SAP CRM ON-DEMAND liegt darin, zu verhindern, das andere Anbieter zu große Marktanteile erlangen.

Laut einer Umfrage der Hochschule Pforzheim im Mittelstand erachten knapp ein Drittel der 493 Befragten Unternehmen On-Demand Einsatz für CRM als möglich bzw. interessant, ziehen es aber für den eigenen Betrieb weniger in Betracht.

Tabelle 2 - Mögliche Anwendungsbereiche für On-Demand Lösungen

Anwendungsbereich	Anteil
Internet Portale	58,0%
eBusiness	57,0%
Service Management	49,5%
Beschaffung	40,0%
CRM	29,4%
Intranet	27,2%
Logistik	27,2%
Human Ressources	20,5%
Auftragabwicklung	14,6%

4.2.2 On-Premise (Integrierte Lösungen)

Integrierte CRM Lösungen kommen meist dort zum tragen, wo bereits die gesamte Unternehmenssoftware auf ERP basiert und das ist überwiegend bei Grossunternehmen der Fall. Diese erweitern Ihre Systeme mit den entsprechenden integrierten CRM Systemen der Hersteller. Am Beispiel SAP R/3 wäre das SAP CRM. Als Trend wird dies aufgefasst, da weniger Unternehmen als angenommen solche integrierten Systeme haben und daher in der nächsten Zeit dies nachholen werden.

4.2.3 Ausblick

Im zweiten Quartal 2007 wird Microsoft mit seiner Mietversion Ihres CRM Tools Microsoft LIVE Dynamics CRM an den Start gehen, dem aktuellen On-Demand Trend folgend. Auch sie haben bemerkt welch Potential hier noch ruht. In erster Linie ist dies jedoch eine Kampfansage an Salesforce.com um ihnen nicht das Feld zu überlassen.

Oracle hat zusätzlich zu seinen vier bestehenden CRM Lösungen die CRM Fusion Application angekündigt.

5 Aktuelle Marktdaten

5.1 Hersteller

Bei den Anbietern für CRM Software hat sich in der letzten Zeit einiges getan. Zu nennen sind wohl die Übernahmeschlachten der Großen der Branche, allen voran Oracle mit der Übernahme von Siebel im Februar 2006. Oracle hat damit nun insgesamt vier verschiedene CRM Lösungen für seine Kunden parat: die hauseigene E-Business Suite, Peoplesoft CRM, J.D. Edwards und eben Siebel CRM. Die bestehenden Kunden der verschiedenen Systeme sind natürlich skeptisch aber Oracle Chef Loic de Guisquet[6] beteuert, dass die Systeme weiter betreut werden.

Dominiert wird der deutsche Markt aber von den mittelständischen Anbietern, bei denen sich auch eine Konsolidierungstrend abzeichnet beispielsweise durch die Übernahme des, auf die Pharmaindustrie spezialisierten CRM Anbieters Regware GmbH durch die Update Software GmbH im Januar 2006. Das Marktwachstum für das CRM Geschäft in Deutschland wird sich zwischen 4% - 6% in 2006 bewegen und von 1,5 Milliarden EUR 2004 auf 1,9 Milliarden EUR 2009 wachsen. Laut den Analysten von Gartner hat der weltweite Markt für CRM im Jahr 2005 ein Plus von 14 % verzeichnet.

---

[6] Interview: ZDNet mit Loic de Guisquet, 14.06.2006, www.zdnet.de

5.2 Kunden

Wie auch bei den Hersteller ist bei den Kunden für CRM Software der Mittelstand der tragende Faktor für die marktwirtschaftliche Entwicklung. Somit erlebt das Thema CRM, nach einer Flaute in den letzten Jahren, endlich einen Aufschwung. Laut einer Umfrage der Tech Consult GmbH, im Auftrag von IBM, planen die Firmen ihre Budgets im Jahr 2006 um durchschnittlich 3,6% anzuheben, bei Gesamtausgaben von ca. 80 Milliarden EUR für ITK, Software und Services. Das IT-Beratungshaus Capgemini hat herausgefunden, dass bei mindestens 69% der Unternehmen das Budget für das Kundenbeziehungsmanagement gleich geblieben und bei 14% sogar gestiegen ist im Vorjahresvergleich. Wie hoch weiterhin das Wachstums-potenzial im Mittelstand ist lässt sich daran erkennen, dass Schätzungen zufolge erst 6% aller Klein- und Mittelständischen Unternehmen eine CRM-Strategie oder –Software einsetzten.

Bei Grossunternehmen muss man nach Branche unterscheiden. Während dem Bankensektor ein hohes Wachstum zugetraut wird, da diese immer mehr Vertriebswege integrieren müssen (Schalter, Automat, Online, Call Center), ist es um den Handel eher ruhiger bestellt. Nicht zuletzt kommen bei der Entscheidung über CRM auch regulatorische Aspekte zum tragen, wie beispielsweise die Einführung von Basel II zum 1. Januar 2008, da die Unternehmen zur Kreditvergabe nun   Ihren   Wert   steigern   müssen.

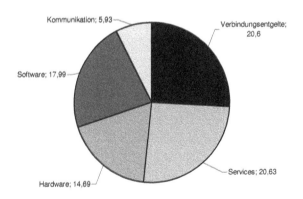

Abbildung 4 - IT Ausgaben D 2006, Mrd. EUR (Quelle: Tech Consult)

Weitere interessante Zahlen liefern die Umfrageergebnisse von benchpark.de mit aktuell über 1700 Stimmen aus Grossunternehmen und KMU zum Thema CRM Software (Stand vom 23.10.2006).

In den folgenden Grafiken sind die Verantwortlichen sowie bereitgestellte Projekt Budgets für CRM Systeme zu sehen.

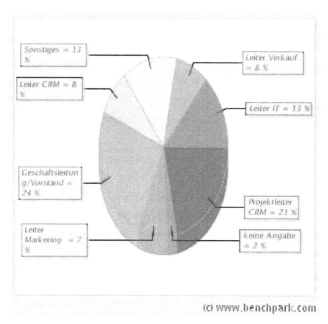

Abbildung 5 – CRM Verantwortliche

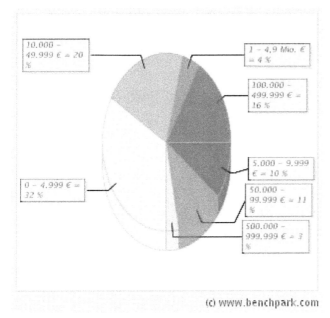

Abbildung 6 – CRM Projekt Budgets

Die Nachfolgenden Grafiken geben Auskunft in welchen Wirtschaftssektoren CRM Software zu welchen Anteilen verwendet wird und wie lange die Geschäftsbeziehungen zwischen Softwareanbietern und Unternehmen dauern.

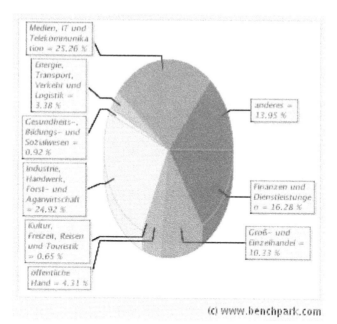

Abbildung 7 – Einsatzbereiche CRM System

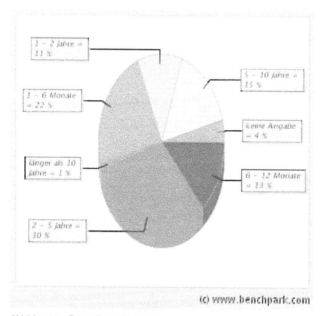

Abbildung 8 – Dauer Geschäftsbeziehung

5.3 Anteile

Wie auch in den vergangen Jahren ist und bleibt SAP Marktführer im Bereich CRM. Gartner Analysten berichten, dass das Unternehmen im Jahr 2005 rund 1,47 Milliarden USD erwirtschaftet und den weltweiten Marktanteil auf 25,9% (Europa 33%) ausgebaut hat gefolgt von Siebel (nun Oracle) mit einem Umsatz von 966,1 Millionen USD und einem Marktanteil von knapp 17%. Oracle folgte 2005 mit einem Anteil von 6,4% am Markt. Die weiteren Ränge werden belegt von Salesforce.com und Amdocs.

Für das Jahr 2006 werden diese Zahlen jedoch um einiges anders aussehen, hauptsächlich wegen des Einkaufsbummels 2005 und 2006 von Oracle. Somit stehen sich in 2006 SAP und Oracle als Hauptrivalen gegenüber. Obwohl SAP seinem Gegner einige verunsicherte Kunden abgewinnen konnte, fasst Oracle wieder Fuß.

Tabelle 3 – Der Deutsche CRM Markt (Mio., EUR) (Quelle:PAC)

Rang	Unternehmen	Land	2005
1	SAP	D	230
2	IBM	US	153
3	T-Systems	D	87
4	Siebel (nun Oracle)	US	59
5	SAS Institute	US	57
6	Accenture	US	54
7	SBS	D	47
8	Softlab	D	38
9	NCR / Teradata	US	33
10	CSC	US	31

6 Zusammenfassung

Die Bedeutung einer guten Kundenbeziehung für das Unternehmen wurde in der Wirtschaft erkannt. Um den Wert dieser Beziehung zwischen Unternehmen und Kunden zu erhöhen gibt es verschiedene Stellschrauben an denen gedreht werden kann. Dazu müssen die Schrauben jedoch auf die richtige Art und Weise im Unternehmen platziert worden sein. Die Kundenkontaktpunkte befinden sich auf verschiedenen Ebenen innerhalb des Beziehungsmanagement und somit ist eine prozessorientierte- und übergreifende Betrachtungsweise unerlässlich. Einmal etabliert, muss das CRM auch einer Erfolgskontrolle standhalten, nur so kann eine optimale Wirkungsweise und ein erfolgreiches Ergebnis für das Unternehmen wie für den Kunden erzielt werden. Dabei ist die Zielsetzung für das Unternehmen nicht immer nur quantitativer Natur sondern kann auch eine, zwar nur schwer Messbare, Kundenzufriedenheit sein, welche aber folglich den Wert der Beziehung zwischen beiden erhöht.

Unterstützt wird das Management der Kundenbeziehung oder auch des Kundenlebenszyklus durch Softwaresysteme, welche je nach Branche unterschiedliche Funktionen haben. Grossunternehmen tendieren zu integrierten Systemen da diese meist ausgereifter und erprobt sind. Für Mittelständler kommen integrierte Lösungen aber auch On Demand Lösungen in Frage, da letztere planbare Kosten und einen geringeren Einführungs- und Betreuungsaufwand verursachen.

Die CRM Systeme basieren auf Front Office Applikationen die mit anderen Unternehmenssystemen im Back Office auf eine gemeinsame Datenbasis zugreifen. Strategische Entscheidungen können mit Business Intelligence Werkzeugen getroffen werden.

Auf Anbieterseite hat bei den Grossen eine Konsolidierung stattgefunden und auch bei den mittelständischen Herstellern finden Übernahmen statt.

Das Marktwachstum in Deutschland wird moderat zulegen.

"Today, managing the customer relationship has become the single most important dimension of enterprise strategy" (R.S. Kaplan, D.P. Norton)

Literaturverzeichnis

CIO Online (Hrsg.) (06.06) :

IT-Ausgaben 2006

http://www.cio.de/markt/uebersichten/813592/index.html

CRM-Software legt um 14 Prozent zu

http://www.cio.de/knowledgecenter/crm/823763/index.html

Stand 20.06.2006, Abfrage 19.10.2006

Computerwoche.de (Hrsg.) (01.06):

SAP: SAP präsentiert neue Version von mySAP CRM

http://www.computerwoche.de/zone/crm/571072/

Stand 18.01.2006, Abfrage 19.10.2006

ITML GmbH (08.06):

mySAP CRM und SAP R/3 - Wege zur Integration (IG Ausgabe 02|2006)

http://www.itml.de/portal/fokus_crm_feb06,5512.html

Stand 08.2006, Abfrage 20.10.2006

Kaplan, Robert S.; Norton, David P.:

Keeping Your Balance With Customers

http://hbswk.hbs.edu/item/3588.html

Stand 14.07.2003, Abfrage 19.10.2006

Kawamoto, Dawn; Farber, Dan (ZDNet.de):

SAP-Chef Kagermann sagt „Nein Danke" zu On-Demand

http://www.zdnet.de/itmanager/stragtegie/0,39023331,39149255,00.htm

Stand 08.05.2006, Abfrage 15.10.2006

Korb, Ralf (crmmanager.de):

CRM Trends 2006

http://www.crmmanager.de/magazin/artikel_906_crm_trends_2006_html

Stand 02.2006, Abfrage 09.10.2006

Materna GmbH (Hrsg.) (07.06):

Weiche Faktoren im Kunden-Service entscheiden

http://www.crmmanager.de/magazin/

artikel_557_weiche_faktoren_im_Kunden_Service.html

Stand 07.2004, Abfrage 24.07.2006

Meta Group (Hrsg.) (09.02)

CRM, die nächste Generation

http://www.crmmanager.de/magazin/

artikel_220_customer_relationship_management_naechste.html

Stand 09.2002, Abfrage 24.07.2006

Müller, Dietmar (ZDNet.de):

Mittelstand investiert wieder in IT

http://www.zdnet.de/itmanager/kommentare/0,39023450,39146486,00.htm

Stand 23.08.2006, Abfrage 09.10.2006

Deutschland ist ein hartes Pflaster für CRM On-Demand Anbieter

http://www.zdnet.de/itmanager/kommentare/0,39023450,39143172,00.htm

Stand 05.05.2006, Abfrage 10.10.2006

Pierre Audoin Consultants (Hrsg.) (04.06):

Analytisches CRM sorgt für passende Angebote

http://www.pac-online.com/pictures/Germany/press/2006/04_CRM_US_PR.pdf

Stand 04.2006, Abfrage 18.10.2006

Reppesgaard, Lars (Computerwoche.de):

Die wichtigsten IT-Trends

http://www.computerwoche.de/hp_cw_mittelstand/markt_und_trend_570090/

Stand 19.01.2006, Abfrage 10.09.2006

Wrage, Heiko (Siemens Business Service GmbH & Co. OHG):

CRM Performance Management

http://www.competence-site.de/dienstleistung.nsf/

C1FF8635BDE8A02DC12571D40041C44A/$File/artikel_mgmt%20kundenrelevanter

%20geschäftsprozesse_wrage,%20tatomir_08.2006.pdf

Stand 09.2006, Abfrage 12.10.2006

Zeitschrift Infomarkt, (Hrsg.) (08.06):

Customer Relationship Management

Ausgabe 08/2006 S. 3